Collection de M. le D^r X.

MONNAIES

MÉDAILLES ET JETONS FRANÇAIS

et Étrangers

VENTE AUX ENCHÈRES PUBLIQUES

A PARIS, HÔTEL DES COMMISSAIRES-PRISEURS, RUE DROUOT
SALLE N° 9 AU PREMIER ÉTAGE

Les Jeudi 1 et Vendredi 2 Décembre 1910
A DEUX HEURES PRÉCISES

EXPOSITION PUBLIQUE UNE HEURE AVANT CHAQUE VACATION
*Exposition particulière le 30 Novembre de 2 à 4 heures
chez l'Expert.*

Commissaire-Priseur : Me André DESVOUGES Successeur de Me Maurice DELESTRE 26, rue de la Grange-Batelière	*Expert :* M. J. FLORANGE 17, rue de la Banque

PARIS

CONDITIONS DE LA VENTE

La vente sera faite au comptant.

Les acquéreurs payeront, en sus des adjudications, dix pour cent.

L'exposition mettant les acheteurs à même de juger l'état des pièces.
aucune réclamation ne sera admise aussitôt l'adjudication prononcée,

M. J. FLORANGE se charge des commissions qui lui seront confiées
aux conditions habituelles (5 o/o sur la limite).

Il se réserve le droit de diviser ou de réunir les lots.

Collection de M. le D^r X.

MONNAIES

MÉDAILLES ET JETONS FRANÇAIS
et Étrangers

VENTE AUX ENCHÈRES PUBLIQUES

A PARIS, HÔTEL DES COMMISSAIRES-PRISEURS, RUE DROUOT
SALLE Nº 9 AU PREMIER ÉTAGE

Les Jeudi 1 et Vendredi 2 Décembre 1910
A DEUX HEURES PRÉCISES

EXPOSITION PUBLIQUE UNE HEURE AVANT CHAQUE VACATION

*Exposition particulière le 30 Novembre de 2 à 4 heures
chez l'Expert.*

<table>
<tr><td>

Commissaire-Priseur :
Mr André DESVOUGES
Successeur de Me Maurice DELESTRE
26, rue de la Grange-Batelière

</td><td>

Expert :
M. J. FLORANGE
17, rue de la Banque

</td></tr>
</table>

PARIS

MONNAIES
Médailles et Jetons français et étrangers

FRANCE

1 Bituriges Cubi. Statère (La Tour, 4068 var.). Or pâle. TB.
2 Pépin le Bref. Antrain. Denier (G. 1.2). TB. *Rare.*
3   —   Rouen? Denier (G. III. 55). TB. *Rare.*
4 Charlemagne et Grimoald. Triens d'or (Gariel XI. 154). TB.
5 Charlemagne. Arles. Denier (G. XII. 186). TB.
6   —   Melle. Denier. 2 var. TB.
7 Pépin Ier, duc d'Aquitaine. Obole (G. XX. 2). TB.
8 Louis le Débonnaire. Sou d'or, types barbares (G. XIV. 13 var.). TB. *Rare.*
9   —   Melle. Denier et obole (G. XIV. 5 et XVI. 68) 2 p. TB.
10   —   Pavie. Denier (G. XVII. 95). TB.
11   —   Denier à la légende chrétienne. 4 var. TB.
12   —   Obole à la légende chrétienne. 2 var. à légende rétrograde. TB.
13 Charles le Chauve. Bourges. Denier au buste (G. XXII. 80). B. *Rare.*
14   —   Deniers de Melle, Chartres, Courtisson, Le Mans (G. XXIII. 59, XXVIII. 73 et 94, XXX. 129). 4 p. TB.
15   —   Deniers d'Orléans et de Paris (G. XXXI. 165, XXXII. 182). 2 p. TB.
16   —   Deniers du Palais (G. XXXII. 173). TB.

17 Charles le Chauve. Deniers d'Orléans. TB.
18   —   Deniers de Troyes (G. XXXVI. 271). TB
19   —   Deniers de Rouen et de Tours (G. XXXIII.
               206 et XXXVIII. 267). 2 p. TB.
20 Louis le Bègue. Tours. Denier (XXXVIII. 13). TB.
21 Carloman. Saint-Nazaire d'Autun. Denier (G. XXXIX. 16). TB.
     Rare.
22 Charles le Gros. Metz. Denier (G. L. 47 Charles le Simple). TB.
23   —   Arles. Denier (G. XL. 10 var.). TB.
24   —   Beauvais. Denier (G. XLII. 42). TB.
25   —   Denier à la légende chrétienne. TB.
26 Eudes. Angers. Denier (G. XLVI. 4). TB.
27 — Limoges et Toulouse. Deniers (G. XLVII. 26, 27 et 28).
       3 var. TB.
28 Robert I. Tours. Denier (G. XLVIII. 3). TB.
29 Louis II emp. Denier à la légende chrétienne. TB.
30 Charles le Simple. Le Mans. Denier (G. L. 35 var.). TB.
31   —   Bruges. Denier (G. XLIX. 7 var.). TB.
32   —   Melle. Denier et obole. 2 p. TB.
33 Lothaire, emp. Denier à la légende chrétienne. TB.

CAPÉTIENS

34 Hugues Capet. Beauvais. Denier (H. 9). 2 var. B. et TB.
35   —   Beauvais. Obole (H. 10). 2 p. B.
36 Philippe I. Dreux. Denier (27). B.
37 Louis VI. Pontoise et Orléans. Deniers (5 et 8). 2 p. B.
38 Louis VII. Paris et Mantes. Deniers (1 et 3). 2 p. TB.
39 Louis VII. Bourges et Étampes. Deniers et obole (4. 6. 7). 3 p. B.
40 Philippe II. Paris et Arras. Deniers (1 et 3). 3 p. B.
41 Louis IX. Agnel d'or (1). TB. *Rare. Voyez planche.*
42   —   Gros tournois dont 1 à l'étoile (9 et 10). 2 p. TB.
43 Philippe III. Masse d'or (3). TB. *Voyez planche.*
44   —   Gros tournois (2 var.) et obole (4, 5 et 9). 4 p. B.
       et TB.
45 Philippe IV. Agnel d'or (1). TB.
46   —   Masse d'or (4). TB. *Voyez planche.*
47   —   Gros tournois, maille tierce, etc. (5, 7, 16, 20, 28
       et 30). 7 p. TB.

48 Louis X et Philippe V. Gros tournois (2). 3 p. B.
49 Philippe V. Agnel d'or (1). TB.
50 Charles IV. Agnel d'or (1). TB.
51   —   Royal d'or (2). TB.
52   —   Gros tournois, mailles et double parisis (6, 7, 9 et 10).
          4 p. TB.
53 Philippe VI. Royal d'or (1). TB.
54   —   Écu d'or (3). TB.
55   —   Pavillon d'or (8). TB.
56   —   Double royal (11). TB. *Voyez planche.*
57   —   Ange d'or (12). TB. *Voyez planche.*
58   —   Chaise d'or (14). TB.
59   —   Gros tournois (3 var.) et double parisis (20, 22, 25
          et 40). 4 p. TB.
60 Jean II Écu d'or (1). TB.
61   —   Mouton d'or (3). TB.
62   —   Royal d'or (8). TB.
63   —   Franc à cheval (10). Or. B.
64   —   Florin d'or (11). TB.
65   —   Gros tournois (15). TB.
66   —   Gros tournois à la couronne et à la queue (16 et 19).
       2 p. TB.
67   —   Grands blancs à la couronne et à la fleur de lis (25 et
       31). 2 p. TB.
68 Charles V (dauphin). Florin d'or (P. d'A. CVIII. 21). B.
69   —   Franc à pied (2). Or. TB.
70   —   Franc à cheval (4). Or. TB.
71   —   Gros tournois et blanc (6 et 7). 3 p. TB.
72   —   Gros delphinal (13). TB.
73 Charles VI. Écu d'or (1). FDC.
74   —   Agnel d'or (3). TB.
75   —   Gros d'argent et guénar. 6 p. TB.
76 Henri V d'Angleterre. Noble d'or. Presqu'à FDC.
77   —   Gros et demi-gros de Calais. 2 p. B.
78 Henri VI. Salut d'or. Rouen (3). TB.
79   —   Blanc aux écus. Auxerre (6). TB.
80 Charles VII. Agnel d'or. Tournay (1). TB.
81   —   Écu d'or à la couronne. Rouen (2). TB.
82   —   Demi-écu d'or à la couronne. Montpellier (8). TB.
83   —   Royal d'or (à 14 lis dans le champ). Tours (9). TB.
84   —   Royal d'or (à 10 lis dans le champ). (9). TB.

85 Charles VII. Gros de roi, grands blancs, etc. (22, 39, etc.), 6 p.
B.

86 Louis dauphin. Écu d'or du Dauphiné (P. d'A. 4976). Presqu'à
FDC.

87   —   Grand blanc (P. d'A. 4987 var.). TB.

88 Louis XI. Écu d'or au soleil. Toulouse (1). TB.

89   —   Écu d'or à la couronne. Saint-Lô (4). TB.

90   —   Gros de roi et grand blanc (12 et 15). 2 p. B.

91 Charles VIII. Écu d'or au soleil. Tours (1). TB.

92   —   Demi-écu d'or. Paris (5). TB.

93   —   Écu d'or pour la Bretagne. Rennes (7). TB.

94   —   Écu d'or pour le Dauphiné. Romans (8). TB. *Rare.*

95   —   Karolus p. le Dauphiné (22). TB.

96 Louis XII. Écu d'or au soleil. Lyon (1). TB.

97   —   Écu d'or au soleil p. la Provence. Tarascon (3). TB.

98   —   Écu d'or aux porcs-épics. Bayonne (6). B.

99   —   Écu d'or au porc-épic p. la Bretagne. Nantes (9). TB.

100   —   Dizains au porc-épic, Bourges, et à l'L couronné, Lyon
(33 et 39). 2 p. TB.

101   —   Gros de Milan (92). TB.

102 François Ier. Écu d'or au soleil. Lyon. R⃫. 2 F couronnés (2).
TB.

103   —   Écu d'or au soleil. Villeneuve-lès-Avignon. R⃫.
2 F et 2 lis (4). TB.

104   —   Demi-écu d'or au soleil. Toulouse (5). TB.

105   —   Écu d'or au soleil et à l'écusson accosté d'un Gc
et d'un lis (9). TB. *Rare.*

106   —   Écu d'or à la croisette. Lyon (12). TB.

107   —   Écu d'or p. le Dauphiné. Crémieu (19). TB.

108   —   Écu d'or p. la Bretagne. Nantes (25). TB.

109   —   Teston fr. à Paris (42). TB.

110   —   Demi-teston fr. à Dijon (43). TB.

111   —   Teston du Dauphiné. Crémieu (52). B.

112   —   Demi-teston du Dauphiné. Grenoble (57). B.

113   —   Teston et demi-teston fr. à Paris (64 et 65). 2
p. B.

114   —   Teston au buste barbu, cuirassé et couronné. Paris
(79). TB. *Rare.*

115   —   Teston au buste radié et cuirassé. Lyon (81). TB.

116 François Ier. Douzains aux couronnes et du Dauphiné (92 et 99). 2 p. B.

117 — Douzain à la Salamandre. Lyon (105). TB.

118 — Douzain à la croisette, Lyon, et dizain (108 et 101). 2 p. B.

119 Henri II. Double henri d'or, 1557, Rouen (26). B.

120 — Henri d'or, 1552, Bordeaux (27). B.

121 — Teston, 1552, Lyon (32). TB.

122 — Teston et demi-teston, 1557 et 1558, Bayonne (35 et 37) 2 p. B. et TB.

123 — Teston au moulin, 1558 (57). B.

124 — Demi-teston au moulin, 1554 (58). TB.

125 — Teston du Dauphiné, 1560, Grenoble (60). TB.

126 — 1/2 gros de Nesle, 1551, et douzain 1554, Saint-Lô (72 et 74). 3 p. B.

127 François II et Marie-Stuart. Gros d'argent, 1560 (3). TB.

128 Charles IX. Écu d'or au soleil. 1566, Rouen (1). TB.

129 — Écu d'or au soleil, 1568, Paris (1 var.). TB.

130 — Écu d'or au soleil. 1569, Rennes (3). TB.

131 — Demi-écu d'or au soleil, 1566, Limoges (4). TB.

132 — Testons, 1562 et 1564, Toulouse (10). 2 p. B.

133 — Demi-testons, 1563, Rennes, et 1573, Angers (13). TB. et AB.

134 — Teston, 1568, Bayonne (15). TB.

135 — Teston du Dauphiné, 1562, Grenoble (17). TB.

136 — Double sol et sol Parisis, 1567 et 1570 (31 et 43). 2 p. TB.

137 Henri III. Écu d'or au soleil, 1587, Tours (4). FDC.

138 — Teston, 1576, Toulouse et 1/2 teston, 1575, Rouen (8 et 10). 2 p. B.

139 — Franc 1579, Toulouse (25). TB.

140 — Demi-franc, 1587, La Rochelle et Rennes (26). 2 p. B.

141 — Quart de franc, 1587, Rennes (27). TB.

142 — Quart et 8e d'écu, 1588 et 1584 (29 et 31). 2 p. TB.

143 — Gros et demi-gros de Nesle, 1579 et 1578 (36 et 37). 2 p. TB.

144 — Gros de Nesle pour le Dauphiné, 1581, Grenoble (39). TB.

145 — Douzains, Rouen et Saint-Lô. 2 p. TB.

146 Henri III. Demi-franc posthume, 1590, Toulouse. TB.

147 Charles X. Écu d'or au soleil, 1591, Paris (20). TB. *Rare.*

148 Henri IV. Écu d'or au soleil, 1596, Paris (7). TB. *Rare.*

149 — Écu d'or au soleil, 1609, Rouen (5). TB. *Rare.*

150 — Quarts d'écu, 1603 et 1609, Saint-Lô et Bordeaux (17 et 23). 2 p. TB.

151 — Quart d'écu du Dauphiné, 1603, Grenoble (26). TB.

152 — Quarts d'écu de Navarre, 1603, et de Béarn (29 et 32). 2 p. TB.

153 — Demi-francs, 1603 et 1605, Toulouse (38). 2 p. TB.

154 — Demi-franc, 1605, Lyon (39). B.

155 — Quart de franc, 1597, Dijon (44). B.

156 Louis XIII. Écu d'or au soleil, 1617, Paris (6). FDC.

157 — Demi-écu d'or au soleil, 1635, Amiens (9). TB.

158 — Double louis d'or, 1640 (20). FDC.

159 — Louis d'or, 1642 (22). TB.

160 — Demi-louis d'or, 1642 (24). TB.

161 — Quarts d'écu, 1612, Rennes; 1613, Saint-Lô, etc. (32). 3 var. TB.

162 — Huitièmes d'écu, 1617 et 1622 (33). 2 p. B.

163 — Quart d'écu, 1642, Arras (43). B. *Rare.*

164 — Quart d'écu, 1643, Tours (43). TB.

165 — Quart et huitième d'écu de Béarn, 1643 et 1615 (47 et 48). TB.

166 — Quart d'écu de Navarre, 1610 et 1611 (49). 2 p. B.

167 — Demi-franc, 1615, Rouen (59). TB.

168 — Demi-franc, 1615, Saint-Lô (60). TB.

169 — Demi-franc, 1615, Paris (62). B.

170 — Louis d'argent de 60, 30 et 15 sols, au buste drapé, 1642 (87 à 89). 3 p. FDC.

171 — Louis d'argent de 60, 30, 15 et 5 sols au buste cuirassé (91, 94, 97 et 100). 5 p. TB et FDC.

172 — Pièce de 15 deniers, 1625 (115). 2 p. FDC. et B. *Rare.*

173 — Pièce de 2 sols 6 deniers, 1642 (117). TB. *Rare.*

174 Louis XIV. Écu d'or au soleil, 1647, Paris (1). TB.

175 — Louis d'or à la mèche courte et aux 8 L, 1644, Paris (6). TB.

176 — Demi-louis d'or à la mèche courte et aux 8 l., 1643, Paris (8). TB.

177 Louis XIV. Louis d'or à la mèche longue et aux 8 l., 1646, Paris (12). TB.

178 — Louis d'or au buste juvénile (tête laurée) et aux 8 l., 1658, Paris (22). TB.

179 — Louis d'or au buste juvénile (tête nue) et aux 8 l., 1668, Paris (24). TB.

180 — Louis d'or au buste juvénile (tête nue) et aux 8 l., 1680, Lyon (26). TB.

181 — Louis d'or à la tête vieille laurée et aux 8 L, 1686, Paris (—). TB.

182 — Louis d'or à la tête vieille laurée et à l'écusson couronné, 1690, Paris (29). TB.

183 — Demi-louis d'or aux types précédents, 1691, Toulouse (30). TB.

184 — Double louis à la tête vieille laurée et aux 4 L, 1696, La Rochelle (32). TB. *Rare*.

185 — Louis d'or aux types précédents, 1693, Montpellier (33). TB.

186 — Demi-louis aux types précédents, 1693, Toulouse (34). TB.

187 — Double louis d'or à la tête vieille laurée et aux 8 L sur insignes, 1702, Paris (35). TB. *Rare*.

188 — Louis d'or aux types précédents, 1701, Lyon (36). TB.

189 — Demi-louis d'or à la tête vieille laurée et aux insignes, date non venue à la frappe, Caen (40). TB.

190 — Louis d'or à la tête vieille laurée et aux 8 L, 1709, Paris (42). TB.

191 — Demi-louis d'or aux mêmes types, 1713, Montpellier (43). TB.

192 — Quart d'écu de France, 1644, Saint-Lô (44). TB.

193 — Écu et 1/2 écu poupard à la mèche courte, 1643, Paris (55 et 59). 2 p. TB.

194 — Quart et douzième d'écu poupard à la mèche courte, 1644, Paris (61 et 63). 2 p. TB.

195 — Pièces de 30 et 15 deniers, 1644 (69 et 70). 2 p. TB.

196 — Écu, demi-écu, quart et douzième d'écu (74, 76 à 78). 5 p. B. et TB.

197 Louis XIV. Écu de Navarre, 1653 (79). TB.
198 — Écu de Béarn, 1651 (83). TB.
199 — Demi-écu de Béarn, 1655 (84). TB.
200 — Douzième d'écu de Béarn, 1660 (86). TB.
201 — Douzième d'écu du Dauphiné, 1661 (99). TB.
202 — Cinq sols pour le Canada, 1670 (101). B.
203 — Écu au buste juvénile et lauré, 1671, Aix (102). TB.
204 — Demi-écu aux types précédents, 1660, Rennes, et 1662, Rouen (103). 2 p. AB et TB.
205 — Quart d'écu, 1666, Paris, douzième d'écu, 1664, Aix (104 et 105). 2 p. TB.
206 — 4 sols et 2 sols des traitants, 1674-76 (106 et 107). 5 p. TB.
207 — Écu de Navarre-Béarn, 1667 (109). TB.
208 — Écu du parlement, 1682, Rennes (113). TB.
209 — Demi-écu du Parlement, 1679, Aix (114). TB.
210 — Demi-écu Carambole (1er type), 1685, Paris (129). TB.
211 — Quart, 1686, Lille, types précédents (130). TB.
212 — Huitième, 1686, Lille, types précédents (131). B.
213 — Seizième, 1686, Lille, types précédents (132). TB.
214 — Écu aux 8 l. (1er type), 1691, La Rochelle (133). TB.
215 — Demi-écu, 1690, Paris, types précédents (134). TB.
216 — Quart, 1691, Amiens, types précédents (135). TB.
217 — Douzième, 1691, Lille, types précédents (136). TB.
218 — Pièce de 4 sols, 1692, Rennes (138). TB.
219 — Écu aux palmes, 1694, Aix (140). TB.
220 — Demi-écu aux palmes, 1693, Amiens, et 1695, La Rochelle (141). 2 p. TB.
221 — Quart d'écu aux palmes, 1695, Rennes (142). TB.
222 — Douzième d'écu aux palmes, 1694, Dijon et Paris (143). 2 p. TB.
223 — Demi-écu Carambole aux palmes (2e type), 1694, Lille (144). B.
224 — Écu aux insignes, 1702. Paris (153), TB.
225 — Demi-écu aux insignes, 1702, Nantes (154), TB.
226 — 20, 10 et 5 sols aux insignes (171 à 173). 4 var. B. et TB.
227 — Écu aux 8 l. (2e type), 1704, Paris (174). TB.

228 Louis XIV. Demi-écu, 1704, types précédents (175). TB.
229 — Quart, 1704, Rouen, types précédents (176). TB.
230 — Écu aux trois couronnes, 1711, Paris (187). TB.
231 — Demi-écu aux trois couronnes, 1710, Aix (189). TB.
232 — Quart, dizième et vingtième d'écu (190 et 191). 5 p. B. et TB.
233 — 15 soldi de Modène, 1705 (271). B.
234 — 10 et 5 soldi et soldo de Modène, 1704 (272 à 274). 3 p. TB.
235 — Demi-écu aux palmes de Strasbourg, 1694 (281). B.
236 — 33 sols aux insignes de Strasbourg, 1707 (283). TB.
237 — 10 sols de Strasbourg, 1710 (287). B.
238 Louis XV. Louis d'or de Malte, 1718, Montpellier (9). TB.
239 — Louis d'or aux 2 L. 1721, Paris (11). TB.
240 — Louis d'or dit Mirliton, 1723, Paris (14). FDC.
241 — Louis d'or aux lunettes, 1728, Rennes (16). FDC.
242 — Demi-louis d'or aux lunettes, 1726, Lille (17). TB.
243 — Double louis d'or au bandeau, 1743, Paris (18). TB.
244 — Louis d'or au bandeau, 1753, Paris (19). TB.
245 — Demi-louis d'or au bandeau, 1747, Paris (20). TB.
246 — Écu Vertugadin, 1716, Paris (27). TB.
347 — Demi et quart d'écu Vertugadin, 1716, Besançon et Dijon (28 et 29). 2 p. TB.
248 — Dixième d'écu Vertugadin, 1717, Lyon (30). TB.
249 — Écu de Navarre, 1718, Perpignan (34). FDC.
250 — Écu de France, 1724, Rouen (40). TB.
251 — Tiers d'écu de France (41). 3 var. TB.
252 — Écu aux 8 L, 1725, Amiens (45). Presqu'à FDC.
253 — Demi-écu aux 8 L, 1725, Rouen (46). Presqu'à FDC.
254 — Quart et huitième d'écu aux 8 L, 1725, Metz et Paris (47 et 48). 2 p. B. et TB.
255 — Demi-écu au bandeau, 1753, Perpignan (58). FDC.
256 — 24 et 12 sols 1759 et 1768 (59 et 60). TB.
257 — Écu à la vieille tête, 1774, Perpignan (62). TB.
258 — 24, 12 et 6 sols (65 à 67). 3 p. TB.
259 Louis XVI. Louis d'or aux palmes, 1774, Paris (1). TB.
260 — Double louis d'or aux lunettes, 1777, Limoges (2). TB.

261 Louis XVI. Louis d'or aux lunettes, 1775, Lille (3). TB.
262 — Double louis d'or aux écus carrés, 1786, Metz(6).TB.
263 — Louis d'or, 1786, Nantes, Paris et Strasbourg. Mêmes types (6). 3 p. TB. et B.
264 — Écu de 6 livres, 1786, à la vache de Pau (11). TB.
265 — Écu de 6 livres, 1790, Paris (11). Presqu'à FDC.
266 — Demi-écu, 24, 12 et 6 sols (14 à 16). 4 p. TB.
267 — *Période Constitutionnelle*. Louis d'or au génie, 1792, Paris (59). TB.
268 — Écu au Génie, 1792, Paris (60). TB.
269 — Petit écu au Génie, 1792. Paris (62). TB.
270 — 30 sols, 1792, et 15 sols, 1791, Paris (63 et 65). 2 p. TB.
271 — Caisse de Bonne Foi, Potter et Crussol, Lesage et Cie. 6 p. var. Arg. et cuiv. TB.
272 République. Pièce de 24 livres au Génie, 1793, Lille. Or. TB.
273 — Écu de 6 livres, 1793 Paris. TB.
274 — Écu de 6 livres. 1793. B.
275 — Trèves. Clemens Wenceslas. Écu de nécessité, 1794 (Hennin 657). TB.
276 — Luxembourg. — Écu de siège, 1795 (H. 658). TB.
277 — Genève. — Écu (prix du travail), 1794. B.
278 — — Décime (l'oisiveté est un vol), 1794. B.
279 — — 15 sols, 1794. 5 var. FDC. et B.
280 — — Écu de 12 florins 9 sols, 1795. B.
281 — — Demi-écu de 6 florins, 4 sols, 6 deniers. 1795. TB.
282 — — Écu de 12 florins, 9 sols, 1796. TB.
283 — Huit pièces variées. Plomb et cuivre.
284 — Bamberg. Écu de nécessité, 1795 (H. 706 var.). TB.
285 — Fulde. Écu de nécessité, 1795 (H. 710). FDC.
286 — — Écu de nécessité, 1796 (H. 777). FDC.
287 — — Demi-écu de nécessité, 1796 (H. 780). FDC.
288 — Würtzbourg. Écu de nécessité, 1795 (H. 712). FDC.
289 — — Sixième d'écu, 1795 (H. 718). FDC.
290 — Eichstaedt. Écu et demi-écu de nécessité, 1796 (H. 773 et 774). 2 p. TB.
291 — 2 décimes de Lorthior, An 8. Arg. TB.

292 République. Essais à la tête de Lavoisier, Ans 8 et 9. Cuiv. 3 var.

293   —   Essai à la tête du 1er Consul. Cuiv. B.

294   —   République helvétique, 4 franken, 1799 et 1801. 2 p. TB.

295   —   Gaule subalpine, 5 francs, An 10. TB.

296 Napoléon I. 10 centimes, 1808. Cuiv. et arg. TB.

297   —   5 francs, 1812, Rome et 1813, Utrecht. 2 p. TB.

298   —   32 schilling de Hambourg, 1814, Coin de 1809. FDC.

299   —   Roi d'Italie. 5 lire, 1810, Bologne. B.

300   —   5 lire, 1811, Milan et 3 p. de cuivre. TB.

301 Confédération du Rhin. Charles de Dalberg, prince primat. Thaler de Francfort, 1808. 2 p. FDC.

302   —   Le même. Demi-thaler de Ratisbonne, 1809. TB.

303   —   —   Kreutzer, 1808. TB.

304 Joachim, duc de Berg et Clève. Petit écu, 1806.

305   —   Grand duc de Berg. Petit écu, 1807.

306 Joseph Napoléon, roi d'Espagne. Écu, à 20 réaux, 1811.

307   —   Même pièce de 1812. TB.

308   —   Barcelone. Écu à 5 pesetas, 1809. TB.

309   —   —   Peseta, 1812 et 4 quartos, 1809 et 1810. 3 p. TB.

310 Guerre de l'Indépendance. Ferdinand VII. Écu de Gerone, 1808.

311   —   Écu de Majorque, 1808. TB.

312   —   Écu de Tarragone, 1809. 2 p. TB.

313 Jérôme Napoléon, roi de Westphalie, 2/3 de thaler au buste nu à g., 1809, et 6e de thaler, 1810. 2 p. TB.

314   —   2/3 de thaler au buste lauré à dr. 1812. FDC.

315   —   Thaler, 1811. FDC.

316   —   Thaler, 1812. B.

317   —   Thaler des mines, 1811. TB.

318   —   Même pièce. B.

319   —   2/3 de thaler des mines de Clausthal, 1811. TB.

320 Louis Napoléon, roi de Hollande. Deux 1/2 Gulden, 1808. Presqu'à FDC. *Rare.*

321   —   Pièce de 50 stuber, 1808. TB.

322   —   Rixdaler, 1809. TB. *Rare.*

323 Élisa Bonaparte et Félix Baciocchi, 5 franchi, 1806 et 1808. 2 p. TB.

324 Berthier, prince de Neuchâtel, 12 pièces diverses en billon. TB.

325 Marie-Louise, duchesse de Parme, 5 lire, 1815. FDC.

326 Napoléon II. 2 francs, 10, 5, 3 et 1 centimes, 1816. Arg. et cuiv.
7 p. TB.

327 Louis-Philippe. 5 francs. Visite de la monnaie de Rouen, 1831.
Arg. TB.

328 Louis-Napoléon-Bonaparte, président. Essais au buste du 1er Consul, 1851. Cuiv. 3 p. TB.

329 Navarre, Dombes, écu de Besançon, 1660, etc. Lot de pièces
féodales.

329 *bis*. Lot de monnaies royales et autres. Arg. (475 gr.) et cuivre.

330 Allemagne, Ferdinand I. Thaler au buste à dr., s. d. TB.

331 Hongrie, Rodolphe II. Ducat d'or de Kremnitz, 1588. TB.

332 — Ferdinand III. Thaler 1648. TB.

333 Autriche (Empire). Thaler 1815 et 1/2 thaler 1819. 2 p. TB

334 Silésie. Ferdinand III. Ducat d'or, 1647. TB.

335 Tyrol. Léopold, archiduc, et Claude de Médicis. Double thaler,
s. d. TB.

336 — Ferdinand-Charles, archiduc. Demi-thaler, 1654. TB.

337 — Léopold 1er. Thaler, 1668. B.

338 Alsace. Ferdinand, archiduc. Thaler d'Ensisheim, 3 kreuzer et
vierer (E. et L. 51 var., 80 et 93 var.). 3 p. B.

339 — Maximilien, archiduc. Thaler, 1614 (Lehr. 18). B.

340 — Ferdinand II. Thaler, 1621 (Lehr. 11). TB.

341 — Léopold, archiduc. Thaler, 1621 (Lehr. 86). B.

342 Suède. Charles XI. 2 mark, 1667, et tiers d'écu, 1674 p. la
Poméranie. 2 p. TB.

343 Transvaal. Livre d'or au buste de Krüger, 1898. TB.

344 Bamberg (Évêché). Christophe-Franç. de Buseck. Thaler, 1800.
Presqu'à FDC.

345 — Sixième d'écu, 1800. TB.

346 Brescia. (Évêché). Méd. de Werner au buste du cardinal Ouiri-
nus, 1750. Br. 49 mm. TB.

347 Cambrai (Archevêché). Maximilien de Berghes. Écu, 1568 (Rob.
3) TB.

348 — Louis de Berlaimont. Écu, 1572 (Rob. 2). TB.

349 Eichstaedt (Évêché). Siège vacant. Thaler, 1757. B.

350 — Siège vacant. Thaler. 1781. Presqu'à FDC.

351 — Jean-Ant. de Zehmen. Thaler, 1783. TB.

352 Freising (Évêché). Jos.-Conr. de Schroffenberg (1790-1803).
Thaler s. d. FDC.

353 Gurk (Évêché).Franç. de Salm-Reifferscheid. Thaler, 1801. FDC.

354 Hildesheim (Évêché). Fréd.-Guill. de Westphalen-Furstenberg. Gulden, 1764. FDC.

355 Liège (Évêché). Robert de Berghes. Double escalin, s. d. (Ch. 506). B.

356 — Girard de Groesbech. Écu, 1568 (Ch. 514). TB.

357 Magdebourg (Archevêché). Auguste de Saxe-Weissenfels. Gulden, 1674 et 1675. 2 var. [1].

358 Mayence (Archevêché). Lothaire-Fréd. de Metternich-Burscheid. Sortengulden, 1673. TB.

359 — Damien-Hartart de la Leyen. Sortengulden frappé à Erfurt, 1675. TB.

360 — Lothaire-François de Schonborn. Méd. s. d. Paix de Ryswick (1697). Coîn de P. H. Muller. Br. 40 mm. FDC.

361 — Autre variété du même graveur. Br. 44 mm. FDC.

362 — Fréd.-Ch.-Jos. d'Erthal. Thaler à l'écusson, 1794. TB.

363 — Le même. Buste vu presque de face. Thaler de contributions, 1794 (H. 655). FDC.

364 — — Thaler au buste, 1796. FDC.

365 Olmutz (Archevêché). Wolfg. de Schrattenbach. Thaler, 1735. TB.

366 — Rodolph-Jean d'Autriche. Thaler, 1820. FDC.

367 Passau (Évêché). Joseph d'Auersperg. Thaler, 1792. TB.

368 Ratisbonne (Évêché). Ant. Ignace de Fugger. Thaler. 1786. FDC.

369 — Siège vacant. Thaler, 1787. Presqu'à FDC.

370 Salzbourg (Archevêché). Paris de Lodron. Thaler, 1621. TB.

371 — Jean-Ernest de Thun. Demi-thaler, 1694. TB.

372 — Jérôme de Colloredo. Thaler. 1788. TB.

373 Strasbourg (Évêché). Charles de Lorraine. Quart d'écu, 1603. TB.

374 — Louis, card. de Rohan, 20er et 5er, 1773. 2 p. B.

375 Trèves (Archevêché). Jean-Ph. de Walderdorf. Thaler. 1761. Presqu'à FDC.

376 — Clém.-Wenc. de Pologne. Thaler, 1771. B.

377 Vienne (Archevêché). Christophe de Migazzi. Thaler. 1781. Presqu'à FDC.

378 Wurzbourg (Évêché). J.-Ph.-Fr., comte de Schoenborn. Son élection, 1719. Jolie méd. de Vestner. Br. 74 mm. TB.

---

1. Tous les gulden et les demi-gulden de 1672 à 1675, de cette vente, ont été trouvés vers 1895 à Villé, près Sainte-Marie-aux-Mines.

379 Kempten (Abbaye). Engelbert. Thaler, 1748. Presqu'à FDC.
   Rare.
380 Thoren (Abbaye). Marguerite de Bréderode. Écu. 1570. TB.
381 Anhalt. Ch.-Guill. Gulden, 1675. TB.
382 Bavière, Louis le Barbu. Florin d'or (Köhler. 2042). TB.
383 — Ch.-Théodore. Thaler à la Madonne, 1781. TB.
384 — — 50 ans de règne, 1792 (Wittelsb, 2308).
   Arg. Flan large, 47 mm. B.
385 Bentheim-Tecklenburg-Rheda. Maurice. Demi-gulden, 1672. TB.
386 Brandebourg. Georges et Albert. Écu, 1544. TB.
387 — Fréd.-Guill. Gulden, 1674. B.
388 — — Demi-gulden de Berlin et de Crossen?
   1668, 1669, 1672, 1673 et 1674. 5 p. B.
389 - — Demi-gulden, 1669, 1671 (3 p.) et
   1672 (2 var.). 6 p. B.
390 Brandebourg-Ansbach. Fréd.-Alb. et Chrétien sous tutelle. Thaler, 1629. TB.
391 Brunswick. Jean-Fréd. de Calenberg. Demi-gulden, 1674. TB.
392 — Ant.-Ulric. Thaler, 1713. TB.
393 — Georges, roi d'Angleterre. Thaler, 1724. TB.
394 — Ch.-Guill.-Ferd. Thaler, 1790. Presqu'à FDC.
395 Hanau-Lichtenberg, Jean-René. Teston, 1609. Troué, mais TB.
396 — Gros, 1624. B.
397 — Fréd -Casimir. XII^{er}, 1666, et 2 kreuzer,
   1664 et 1665. 3 p. TB.
398 — Philippe-René. Sortengulden, 1693. B.
399 Jever Fréd.-Aug.-Sophie, princesse d'Anhalt. Demi-écu, 1798.
   Presqu'à FDC.
400 Liegnitz (Auguste, princesse de), comtesse de Hohenzollern.
   Méd. de Loos. Br. doré, 50 mm. TB.
401 Mansfeld Pierre-Ernest, Christophe et Jean Hoyer. Petit thaler
   (à 24), 1572. TB.
402 Oettingen Albert-Ernest, prince. Gulden, 1674. TB.
403 Palatinat-Simmern. Charles-Louis. Demi-gulden, 1666. TB. *Rare.*
404 Palatinat-Veldentz. Léop.-Louis. Demi-gulden, 1669. TB. *Rare.*
405 Palatinat-Neubourg. Ph.-Guill. Gulden, 1674, date coupée par la
   couronne. 2 var. B.
406 — Le même. Autre var. de 1674, date à g. de
   couronne. B.

407 Saxe-Gotha. Jean-Casimir et Jean-Ernest. Thaler, 1611. TB.

408 Saxe-Weimar. Jean-Ernest. Gulden, 1674. B.

409 Saxe-Cobourg-Gotha. Ernest II. Méd. de Hart, 1849. Br. 72 mm.
TB.

410 Saxe (Br. Albertine). Maurice. Thaler d'Annaberg, 1549. TB.

411 — Chrétien II, Jean-Georges et Auguste. Thaler, 1603.

412 — Jean-Georges I. Jubilé de la Réformation, 1617. Méd. de
C. Maler (Kreussler, Jubelmünzen, pl. I, fig. 3). Arg. à
bélière. 41 mm. TB.

413 — Jean-Georges II. Thaler de vicariat, 1658 TB.

414 — — Tiers de thaler, 1672. B.

415 — Jean-Georges III. Méd. de P.-H. Müller à tranche inscrite
en relief (1688). Campagne du Rhin et victoire contre
les Turcs (Van Loon. 364.1). Br. 50 mm. TB.

416 — Fréd.-Chrétien. Gulden de Convention, 1763. B.

417 Sayn-Wittgenstein. Gustave. Gulden 1673. B.

418 Schlick. Thaler s. d.. Arg. doré. TB.

419 Schwarzbourg-Sandershausen. Chrét.-Guill. Gulden au buste à
g. et à l'écusson. TB. *Rare.*

420 Stolberg-Wernigerode. Henri-Ernest. 1/2 Gulden. 1672. B.

421 Wurtemberg. Ch.-Eug. Thaler de Convention, 1781. TB.

422 Augsbourg. Demi-thaler, 1694. TB.

423 Brisach. Herman Ier, duc d'Alemanie. Denier au nom d'Otton.
(Dannenberg 893). TB. *Excessivement rare.*

424 Cologne. Thaler, 1568 avec COLO. TB. *Rare.*

425 Francfort s/M. Sortengulden, 1672 (J. et F. 562). TB.

426 — Thaler de Convention, 1772. TB.

427 Hambourg. 32 schilling, 1808. TB.

428 Kempten. Thaler au buste de Charles-Quint, 1549. TB.

429 Landau (Reprise de). Méd. de Hautsch, 1704 (Van Loon IV.
397. Engel et Lehr, no 26). Br. sans tranche inscrite 47 mm.
B. *Rare.*

430 Lubeck. 32 schilling, 1672 et 1796. 2 p. B. et TB.

431 Nuremberg. Ducat au saint Laurent, 1613. Or. TB.

432 Nuremberg. Thaler de Convention, 1754. Buste de l'emp.
François et vue de la ville. TB.

433 Ratisbonne. Thaler de Convention, 1754. Buste de l'emp.
François et vue de la ville (Coin de Lauer, de Nuremberg).
TB. *Pièce apocryphe curieuse.*

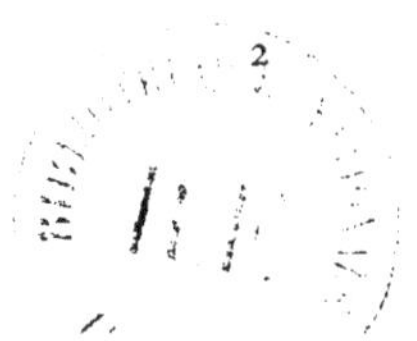

434 Strasbourg. Thaler s. d. TB.

435 Belgrade (Prise de). Maxim.-Emm. de Bavière. Méd. de Hautsch, 1688 (C. Mont. 1075). Vermeil. 42 mm. TB.

436 Italie. Étrurie. Ferdinand III. Sequin, 1792. Or. Presqu'à FDC.

437 Pays-Bas. Oberyssel. Ducat d'or, 1595 (Verk. 134. 2 var.). B.

438 — Brabant. Philippe II. Demi-patagon fr. à Maestricht, 1564 (Chijs. 28. 20). TB.

439 — Campen. Ducat s. d. aux bustes affrontés. Or. TB.

440 — Weert. Philippe de Montmorency, comte de Horn, Écu au St Martin, s. d. TB.

441 — Le même. Double escalin, s. d. TB.

442 Suisse. Argovie. 20 batz. 1809. TB.

443 — Zurich. Ducat d'or au buste de Zwingli, 1819. FDC.

MÉDAILLES DE PERSONNAGES

444 Alfieri (Victor). Dramaturge 1749-1803. Méd. de Donadio. Br. 41 mm. TB.

445 — Méd. 1820. Série numismatique. Br. 41 mm. TB.

446 Arcet (Jean et J.-P. Joseph d'). Le 1er médecin (1725-1801) l'autre chimiste (1777-1845). Leurs bustes accolés. Deux épreuves avers et revers en étain uniface. 50 mm. TB.

447 Augereau, duc de Castiglione, maréchal de France. Méd. de Caunois. Br. 41 mm. TB.

448 Barthelemy (J.-J), archéologue (1716-1795). Méd. de Duvivier, Br. 42 mm. TB.

449 Beauharnais (Prince Eug. de). Méd. de Losch, 1824. Br. 46 mm. TB.

450 Bellart, professeur de droit (1761-1826). Méd. de Barre, 1829. Br. 51 mm. TB.

451 Bertrand, général (1772-1844). Jeton à 12 pans. Cuivre jaune. 26 mm. TB.

452 Berthier, prince de Wagram. Méd. de Caqué. Br. 41 mm. TB.

453 Bessières, duc d'Istrie. Méd. de Caqué. Br. 41 mm. TB.

454 Blucher. Méd. de Brandt. Série numism. 1818. Étain bronzé 41 mm. B.

455 — ? Buste à g. Médaillon ovale en fonte de fer 16 × 12 mm. TB.

456 Brune, maréchal de France. Méd. de Caunois. Br. 41 mm. TB.

457 Bugeaud, duc d'Isly, Maréchal de France. Méd. de Merley. Br. 51 mm. FDC.

458 Cambacérès, duc de Parme. Méd. d'Oudiné. Br. 50 mm. FDC.

459 Canova (A.), sculpteur. Méd. de Caqué. Série numism., 1823. Br. 41 mm. FDC.

460 — Méd. de Girometti, 1823. Br. 2 var. 53 et 50 mm. TB.

461 — Méd. de Fabris, 1831. Br. 53 mm. TB.

462 Canning (G), homme d'état anglais. Br. 42 mm. FDC.

463 — Buste de face. Fonte de fer avec bordure damasquinée. 58 mm. TB.

464 Cuvier (G.), naturaliste. Méd. de Bovy. Br. 50 mm. FDC.

465 Dalayrac (Nic.), compositeur. Méd. de Caqué. Suppl. à la Gall. numism. 1838. Br. 41 mm. FDC.

466 David (Louis), 1er peintre du xviiie siècle. Br. coulé avec bélière. 154 mm. TB.

467 — Méd. de Michaut, 1819. Sur la tranche : OFFERT DE BRUXELLES PAR DAVID A DELAFONTAINE 1820. Br. doré. 35 mm. FDC.

468 Davout, duc d'Auerstaedt. Méd. de Petit. Br. 41 mm. TB.

469 Denon (D. Vivant), homme d'Etat. Méd. de Donadio. Br. 41 mm. TB.

470 — Petite médaille. Br. 15 mm. B.

471 Desaix. Galerie numism., 1820. Br. 41 mm. FDC.

472 Desnoyers (L. Boucher) ancien commissaire des guerres de Monsieur. Méd. de David, 1825. Br. coulé, 89 mm. TB.

473 Duplessis, duc de Richelieu. Méd. de Dieudonné. Br. 42 mm. TB.

474 Ecouchard Le Brun dit Pindar, poète français. Méd. de Petit. Gal. métallique 1821. Br. 41 mm. FDC.

475 Edgeworth de Firmont, confesseur de Louis XVI. Méd. de Desbœuf. Galerie de la Fidélité, 1821. Br. 52 mm. TB.

476 Eliott, gouverneur de Gibraltar. Méd. de Droz, 1782. Br. 60 mm. FDC.

477 Etrurie (Charles III et sa mère Aloÿse d'). Méd. de Siries. Cuiv. jaune, 65 mm. TB.

478 Feller, jésuite belge. Méd. de Simon. Br. 47 mm. TB.

479 Fox, homme d'état anglais. Méd. de Thomasson et Jones. Br. 54 mm. TB.

480 Gatteaux (N.-M.), graveur en médailles. Méd. de E. Gatteaux.
Br. 50 mm. TB.

481 Girardin (Stanislas). Les Electeurs de la Seine-Inférieure. Méd. de
Peuvrier. Br. 50 mm. FDC.

482 Gourgaud (Bon G.), général, né à Versailles. Avers à son buste.
Coin de Peuvrier, 1829. R⁄. 1815-Ste HÉLÈNE-1840. Br. 42 mm.
FDC.

483 Gretry, compositeur belge. Méd. de Gayrard. Gal. métallique,
1818. Br. 41 mm. FDC.

484 — Méd de Simon. Br. 46 mm. TB.

485 — Méd. de E. Gatteaux, 1814. Br. 30 mm. TB.

486 Gros (Ant.-Jean), peintre. Méd. de Galle, 1843. Br. 57 mm. TB.

487 — Médaillon de David, 1832, réduit par A. Collas. Épreuve
galvano. 56 mm. TB.

488 Guclon Marc de Troyes, patriote français. Méd. de Masson. Br.
41 mm. TB.

489 Hoche, général en chef. Méd. offerte par sa veuve et ses enfants,
1832. Br. 50 mm. FDC.

490 — Méd. de Guayrard. Br. 41 mm. TB.

491 Isoüard (N.), musicien. Méd. de Veyrat, 1824. Br. 42 mm. TB.

492 Jourdan, maréchal de France. Méd. de Caqué. Br. et étain, 2
var. 41 mm. TB.

493 Joux (Cl. de), statuaire. Méd. de Caunois. Br. 41 mm. FDC.

494 Kléber, général en chef. Méd. de Caqué. Br. 41 mm. FDC.

495 Kosciuszko, général polonais. Méd. de Caunois. Sér. num. 1818.
Br. 41 mm. FDC.

496 Laffon de Ladebat (André Daniel), représentant du peuple.
Épreuve uniface. Étain 41 mm. B.

497 Lannes, maréchal de France. Méd. de Gayrard. Gal. métall.,
1823. Br. 41 mm. FDC.

498 Law, m^is de Lauriston (J. A. B.), ministre secrétaire d'état de la
maison du roi. Méd. de Barre, 1821.
Br. 41 mm. TB.

499 — Joli médaillon par Barre. Br. coulé 120
mm. TB.

500 Lebrun, duc de Plaisance, prince de l'Empire. Méd. de Bovy.
Br. 50 mm. FDC.

501 Macdonald, duc de Tarente, maréchal de France. Méd. de
Dieudonné, 1825. Étain uniface. 51 mm. TB.

502 Mars, comédienne et sociétaire du Théâtre français. Méd. de
   Borrel. Br. 52 mm. FDC.
503 Masséna, maréchal de France. Méd. de Jaley. Br. 68 mm. FDC.
504   — Méd. de Barre, s. d. et 1818. Br. 41 mm. 2 var. dont
   nne argentée. T.
505 Mehul, compositeur de musique. Méd. de Veyrat, 1882. Br.
   argenté 41. mm. TB.
506 Monge (Gasp.) Méd. de Vauthier-Galle. Br. 50 mm. FDC.
507   — Méd. de la Gal. métallique, 1822. Br. 41 mm. FDC.
508 Morand (Cte), pair de France. Méd. de Maire, 1844. Br. 55 mm.
   FDC.
509 Moreau (V.), général. Méd. de Caunois. Sér. numism. 1819.
   Br. 41 mm. FDC.
510 Mortier, duc de Trevise, maréchal de France. Méd. de Petit. Br.
   41 mm. TB.
511   — Méd. de Barre, 1835. Br. 51 mm. FDC.
512   — Méd. de Montagny, 1835. Br. 52 mm. FDC.
513   — Méd. de Montagny (d'après nature), 1835. Br. 51 mm.
   FDC.
514 Nelson, amiral anglais. Cliché cuiv. repoussé, 71 mm. TB.
515 Ney, maréchal de France. Méd. de Rogat, 1832. Br. 42 mm.
   2 var. FDC.
516 Oudinot, maréchal de France. Méd. de Dieudonné. Br. 41 mm.
   TB.
517 Paoli, général corse. Série numism, 1844. Br. 41 mm. TB.
518 Pichegru, général. Méd. de Desbœufs. Gal. de la Fidélité, 1824.
   Br. 52 mm. FDC.
519 Pie VII. Abolition des privilèges, 1804. Méd. de J. Hamerani.
   Br. 39 mm. TB.
520   — Son arrivée à Pérouse, 1805 (Trés. XLVII. 2). Br.
   doré, 38 mm. B.
521   — Restauration du Ponte-Molle, 1805 (Tr. XLVI. 6). Br.
   39 mm. FDC.
522   — Restauration du temple de St Pierre en 1804. Méd. de
   Mercandetti, 1807. (Tr. XLVI. 3). Br. 67 mm. FDC.
523   — Cliché à son buste à g. Cuiv. repoussé et doré, 50 mm.
   TB.
524   — Sa mort, 1823. Méd. de Dieudonné. Br. 41 mm. FDC.
525 Poniatowski, maréchal de France. Méd. de Caunois. Br. 41
   mm. TB.

526 Pozzo di Borgo (Cte), général en chef, ambassadeur de Russie en France. Méd. de Barre, 1830. Br. 56 mm. TB.

527 Pujet (P), sculpteur. Méd. uniface de Gatteaux, 1815. Br. 35 mm. FDC.

528 Rouget de Lisle, auteur de la Marseillaise. Méd. de Rogat, 1833. Br. 51 mm. 2 var. FDC.

529 Russie (Alexandre Ier). Cliché ovale (1808). Cuiv repoussé. (Trésor. Empire, XXVII. 5) 35×40 mm. FDC.

530 — Campagne de 1812. Méd., 1825. Br. 68 mm. TB.

531 Soult, duc de Damaltie, maréchal de France. Méd. de Caunois. Br. 51 mm. FDC.

532 — Méd. de Caqué. Br. 50 mm. FDC.

533 Suchet, duc d'Albufera, maréchal de France. Méd. de Peuvrier 1826. Br. 50 mm. FDC.

534 Talleyrand-Périgord (Ch.-M.), P^{ce} de l'Empire. Méd. de Domard. Br. 50 mm. FDC.

535 Talma, tragédien. Méd. de Caunois. Médaillier français, 1826. Br. 42 mm. TB.

36 Ternaux (G.-Louis), industriel et agronome. Méd. de Caunois. Médaillier français, 1821. Br. 42 mm. FDC.

537 Tiolier (P.-J.), graveur. Méd. de Tiolier. Br. 41 mm. FDC.

538 Vernet (Carle), membre de l'Institut. Méd. de Peuvrier, 1826. Br. 50 mm. FDC.

539 — (Horace), membre de l'Institut. Méd. de Peuvrier, 1826. Br. argenté, 50 mm. FDC.

540 — (Joseph), membre de l'Institut. Méd. de Petit, 1826. Br. 41 mm. TB.

541 Vigano (L.), maitre de ballets italiens. Méd. de Cossa. Arg. et Br. 27 mm. 3 var. FDC.

542 Visconti. Méd. de Donadio. Gal. Métallique, 1818. Br. 41 mm. FDC.

543 Wellington. Cliché de Desforges. Cuivre repoussé, 58 mm. TB.

544 République. Plaque et insigne.

545 Méd. allemande, 1799-1800. Arg. 37 mm. TB.

546 Nap. Ier. Inauguration des drapeaux donnés au Tribunat, après le passage du Rhin à Kehl et la bataille d'Austerlitz (Br. 462). Br. 51. TB.

547 Mariage de Nap. Ier, 1810, et naissance du roi de Rome, 1811. Arg.
et Br. 2 p. TB.

548 Croix de la Légion d'honneur. TB.

549 Prix de l'Académie des Beaux-Arts de Florence (Trés. LV. 9 var.)
Br. 56 mm. FDC.

550 Espagne 1808 à 1814. Arg. et br. 6 p. TB.

551 1813 à 1815. Arg. et br. 10 p. TB.

552 Clichés de Liénard : Buffon, le Grand Condé, Lafontaine, Rous-
seau, Voltaire. 6 p. TB.

553 Louis XVIII et Charles X. 16 p. Br. et cuivre. TB.

554 Louis-Philippe. Méd. du 30 juillet 1830. Tranche inscrite. Arg. à
bélière. FDC.

555 La reine Marie-Christine visite la monnaie de Paris, 1840. Br.
52 mm. FDC.

556 Mehemet-Ali visite la Monnaie de Paris, 1846. Br. 52 mm. FDC.

557 Napoléon III (visites à la Monnaie, décorations), Pie IX, etc.
Arg. et br. TB.

558 République. Décorations, etc. Arg. et br.

558 *bis*. Série des rois de France. 70 pièces. Br. 32 mm. FDC.

MÉDECINS, CHIRURGIENS, ETC.

559 Ansiaux, chirurgien belge. Méd. de Jehotte, 1835 (Kluyskens,
p. 16). Br. 40 mm. TB.

560 Baglivi (G.), médecin italien. Méd. de Saint-Urbain, 1704 (Kl.,
p. 35-1). Br. 40 mm. TB.

561 Bichat (X.), médecin. Société médicale d'émulation de Paris,
1807. Méd. de Galle (Kl., p. 125-1). Br. 28 mm. TB.

562 — Avers de la pièce précédente. Épreuve de graveur (Kl. 1).
Étain. 28 mm. FDC.

563 — Méd. de Dubour, s. d. (Kl. 2). Br. 50 mm. TB.

564 — Méd. de Dubour. Galerie métallique, 1826 (Kl. 3). Br.
41 mm. TB.

565 Bouillaud (J.-B.), médecin. Méd. offerte par la Clinique interne
de la Charité de Paris, 1836 (Kl. —). Br. 40 mm.
FDC.

566 — Autre variété à son buste, 1838. Coin de Caqué (Kl.,
p. 146). Br. 41 mm. FDC.

567 Chifflet, médecin du roi Philippe IV d'Espagne. Méd. de Maire
(Kl., —). Br. 55 mm. FDC.

568 Coster (J.), médecin. Méd. de Borrel, 1846 (Kl., p. 222). Br.
42 mm. FDC.

569 Cuvier (Baron), naturaliste. Méd. de Caunois. Médaillier français
célèbre, 1820 (Kl., p. 236-2). Br. jaune. 42 mm. FDC.

570 — Méd. de Bovy, 1834 (Kl. —). Br. 67 mm. FDC.

571 Desault (P.-J.), chirurgien, mort en 1795. Méd. de Maire, 1843
(Kl. —). Br. 55 mm. FDC.

572 Des Guidi (C.-S.), médecin lyonnais. Méd. 1830 (Kl., p. 252).
Br. 51 mm. FDC.

573 Dodoens (R.), médecin belge. Méd. de Jouvenel, 1841 (Kl. —).
47 mm. FDC.

574 — Autre variété (Kl., p. 259, 2). Br. jaune. 34 mm. FDC.

575 Dubois (Baron A.), prof. à la Faculté. Méd. de Peuvrier, 1825
(Kl. —). Br. 42 mm. TB.

576 Dupuytren (Guill.), chirurgien. Méd. de Caunois, 1835. Médail-
liers français célèbres (Kl., p. 269). Br. 42 mm. FDC.

577 Freind (J.), médecin anglais. Méd. de Saint-Urbain (Kl., p. 329).
Br. 58 mm. TB.

578 Gall (F.-J.), physiologiste allemand, mort à Paris. Méd. de Barre,
1820 (Kl., p. 335. 3). Br. doré, 50 mm. FDC.

579 — Sa mort. Méd. de Barre, 1828 (Kl., p. 336. 5). Br.
46 mm. FDC.

580 Geoffroy-Saint-Hilaire (Ét.), prof. de Zoologie au jardin des
plantes de Paris. Méd. de Dantzell, s. d. (Kl., p. 355). Br.
50 mm. FDC.

581 Guillotin (J.-Ign.), médecin. Méd. 1812. (Kl., p. 384. 3). Br.
28 mm. FDC.

582 Hahnemann (S.), médecin français, né en Allemagne. Méd. de
Rogat, 1836 (Kl. —). Br. 52 mm. FDC.

583 Hauy (R.-J.). A.-L. de Jussieu et G. Cuvier. Méd. de Borrel,
1843 (Kl., p. 8. 2). Br. 52 mm. FDC.

584 Héroard (J.), médecin de Louis XIII. Méd. de Warin (*Revue
numism.*, 1893, p. 254. — Kl., p. 28). Br. 45. TB. *Voyez
planche.*

585 Hippocrate. Méd. de Caqué. Série numism., 1844 (Kl. —).
Br. 43 mm. FDC.

586 Jenner (Ed.), médecin anglais. Méd. de Loos, s. d. (Kl., p. 69.
5). Fonte de fer. 28 mm. B.

587 Lanthois (Et.), médecin. Méd. de Tiolier, 1817 (Kl., p. 122). Br. doré 45 mm. FDC.

588 Le Bascle, m^{is} d'Argenteuil, mort en 1838. Fondations pour la médecine, etc. Méd. de Depaulis (Kl.). Br. 51 mm. FDC.

589 L'Epée (L'abbé de). Méd. de Borrel (Kl.). Étain uniface. 50 mm. TB.

590 Lorme (Ch. de), 1er médecin ordinaire de Louis XIII, né à Moulins. Méd. 1628 (Kl., 170. 2; Mazerolle, *Les médailleurs français*, p. 178). Br. ovale 43×55. TB. *Voyez planche.*

591 Malpighi (M.), médecin italien. Méd. de St Urbain, 1693 (Kl. —). Br. 36 mm. TB.

592 Mesmer (Fr.-Ant.), médecin. Méd. de Lassagne, 1846 (Kl., 183. 2). Br. 46 mm. TB.

593   —   Société du Mesmérisme de Paris. Méd. de Borrel, 1856 (Kl., p. 215). Br. à bélière, 28 mm. FDC.

594 Pariset (Et.), médecin. Méd. de Gayrard (Kl., p. 295. 2). Br. 36 mm. TB.

595 Pasteur (L.). Méd. en deux épreuves du graveur A. Dubois, 1895. Br. argenté 68, mm. FDC.

596 Poterius (Guy), médecin des rois de France et de Pologne. Méd. fr. à Rome, 1665 (Kl., 321. 2). Br. 41 mm. TB. *Rare.*

597 Rabelais (Fr.). Méd. allemande (Kl., 340. 2). Étain bronzé, 43 mm. TB.

598   —   Autre méd. de la Galerie métallique, 1818. (Kl., 340. 4). Br. 41 mm. TB.

599 Rangoni (Tommaso dit Philologue de Ravenne), médecin (Kl., 341. 1). Br. 58 mm. B. *Voyez planche.*

600 Raspail (Fr.-V.). Méd. 1848 (Kl., 345. 1). Br. 26 mm. FDC.

601 Redi (Fr.), médecin florentin. Méd. de Soldani, 1684 (Kl., 350. 2). Br. 88 mm. TB.

602   —   Autre méd. de Soldani, 1684 (Kl., 350. 3). Br. 88 mm. TB.

603 Rogier (Ch.), ministre de l'Intérieur, promoteur de l'hygiène publique en Belgique. Méd. de Wiener, 1852 (Kl., 384. 2). Br. 68 mm. B.

604 Sbaralea (Jean Jérôme.), médecin italien. Méd. de St Urbain. s. d. (Kl. 419. 2). Br. 36 mm. TB.

605 Scheele (Ch.- G.), pharmacien-chimiste suédois. Méd. de Wikman (Kl. 429). Arg. 36 mm. FDC.

606 Schoenlein (J.-I..), médecin suisse, Méd. de Bovy, 1839 (Kl. 433). Br. 41 mm. FDC.

607 Seutin (Baron), médecin militaire français et belge. Méd. de Wiener, 1852 (Kl., 448). Br. 62 mm. TB.

608 Sicard (l'abbé), instituteur des sourds-muets. Méd. de Desnoyers, 1822 (Kl., —) Br. 41 mm TB.

609 — Autre variété. Galerie métallique (Kl., 448). Plomb, bronzé, 41 mm. B.

610 Sloane (H.), médecin anglais. Méd. de Dassier (Kl., 452. 2). Br. 55 mm. TB.

611 Stifft (Baron), médecin autrichien, 1826. Méd. de Lang (Kl., 480. 1). Arg. 48 mm. TB.

612 — Autre variété, 1834. Coin de Boehm (Kl., 481.2). Br. 52 mm. TB.

613 Stroehlin, médecin genevois. Médaillon coulé. Br. 106 mm. TB.

614 Sue (Eug.), chirurgien et romancier. Méd. dédiée par les libéraux belges, 1845. Coin de Hart. Br. 54 mm. TB.

615 — Autre variété de 1846 et s. d. Coin de Rogat. 2 variétés. Br. argenté et étain, 51 mm. TB.

616 — Autre variété de 1847. Coin de Farochon. Br. 50 mm. FDC.

617 — Autre variété de 1850. Coin de Rogat. Br. 26 mm. FDC.

618 Troxler (Paul-Vital-Ignace), médecin suisse, 1780-1866. Méd. de Schlee, 1825 (Kl. —). Étain 55 mm. TB.

619 Vésale (André), célèbre anatomiste belge (Kl., 1, 3 (2 var.) et 4). Br. 4 var. 46 et 41 mm. TB.

620 Vleminckx (J.-F), inspecteur général du service de santé de l'armée belge, 1853. Coin de Wiener (Kl., 588). Br. 62 mm. TB.

621 Willems (L.), médecin belge. Méd. de Wiener, 1853 (Kl., 618). Br. 62 mm. FDC.

622 Cadillac (Gironde). Pose de la 1re pierre de l'Asile des aliénés, 1854. Méd. de Dantzell. Br. 68 mm. TB.

623 Marseille. Choléra de 1849. Méd. de Robineau. Arg. à bélière 28 mm. TB.

624 Montpellier. Prix d'émulation de la soc. médico-pratique. Br. 49 mm. TB.

625 Paris. Société des médecins allemands fondée à Paris, 1844. Méd. de Bessaignet. Br. 30 mm. TB.

626 Paris. Napoléon III visite les hôpitaux, 1865-1866. Méd. d'Al-
  lain. Br. 34 mm. FDC.
627 — Guerre de 1870-71. Ambulanciers, brancardiers, etc.
  Étain et bronze. 16 p. TB.
628 — Ambulances militaires. 14 p. variées. Br. TB.
629 Soc. de St Vincent de Paul. Académie de médecine de Belgique,
  etc. Br. et étain. 5 p.

JETONS ET MÉDAILLES

630 Joli jeton à l'écusson aux trois couronnes (Cat. Rouyer 1136).
  Laiton. TB.
631 Jeanne de Navarre. Jeton (R. et H. VI. 53). Laiton. B.
632 Comtes d'Evreux, rois de Navarre. Laiton. B.
633 Jeanne d'Evreux, femme de Charles le Bel (R. et H. 64 var.)
  Laiton. B. *Voyez planche.*
634 Clémence de Hongrie. Jeton (Cat. Rouyer VI. 13 var.). Laiton. B.
635 Charles, duc de Vendôme, pair de France, comte de Marle et
  Soissons. Jeton. Laiton. B.
636 François, fils de France, duc de Brabant, d'Anjou, comte de
  Flandre, s. d. et 1582. Laiton 2 p. B.
637 Marie de Clèves, princesse de Condé (Soultrait, Nivernais, p.
  135). Laiton. B. *Très rare.*
638 Marie de Médicis. Jeton, 1601. Arg. TB.
639 Marie Leczinska. Maison de la Reine, 1736. Arg. TB.
640 Louis XVI. Buste du roi et 2 L entrelacés supportant une couronne royale. Arg. octog. TB.
641 Jetons gothiques et autres.
642 Ordre du Saint-Esprit. Jeton d'Henri III, fr. à Tours. Laiton
  TB. et *rare.*
643 — Autre variété. Laiton. TB. *Rare.*
644 — Jeton d'Henri IV, s. d. Arg. TB.
645 — Jeton de Louis XIV, 1677. Arg. TB.
  Très rare.
646 — Jeton de Louis XV, 1717. Cuiv. FDC.
  Très rare.

647 Trésoriers et contrôleurs généraux des ordres du roi, s. d. Cuiv. *Voyez planche.*

648 C. PICART. GARDE. Fleur de lis couronnée. R⫡. POVR LE ROI. Saint Esprit. Cuiv. *Rare.*

649 Avocats aux conseils du roi, 1762. Coin de Droz. Arg. TB.

650 Bâtiments du roi, 1707. Vue du Val de Grâce. Cuiv. FDC.

651 Trésor royal, 1713. Trois cyclopes. Arg. TB.

652 Ordinaire des guerres, 1757 et secrétaires du roi, 1731. Arg. TB.

653 Aliénation des domaines, 1675. Arg. TB.

654 Paris. Greffiers du Châtelet, s. d. Arg. TB.

655 — Notaires. Louis XIV. Coin de R. Cuiv. Presqu'à FDC.

656 — Contrôle des actes des notaires, 1715. Cuiv. FDC. *Voyez planche.*

657 — Agents de change, 1711. Cuiv. FDC.

658 — — Louis XVIII, 1814. Arg. octog. TB.

659 — Caisse d'escompte du Commerce (An VI). Arg. octog. TB.

660 — Comptoir commercial (1802). Aigle et galère (Très. de Num. XCII. 8). Cuiv. TB.

661 — — — 1856. Cuiv. octog. TB.

662 — Huissiers-commissaires-priseurs sous Louis XV. Cuiv. B.

663 — Clergé. L'assemblée de 1685 (Édit de Nantes). Cuiv. FDC.

664 — Église N.-D. Jeton s. d. Cuiv. TB.

665 — Saint Germain l'Auxerrois. Cl. Lebrun, commissaire des pauvres, 1688. Cuiv. B. *Rare.*

666 — Académie des inscriptions et belles-lettres, 1717. Arg. TB.

667 — École de Droit. Buste de Nap. Ier. Coin de Brenet. Arg. octog. TB.

DOYENS DE LA FACULTÉ DE MÉDECINE
DE PARIS

668 Patin (Guy). Jeton 1648 (Fournié, 9). Cuiv. B.
669 Morand (Ant.) — 1660 (F. 20). Cuiv. refr. FDC.
670 Hecquet — 1714 (F. 44). Laiton TB.

671 Doye   Jeton 1716 (F. 47). Laiton AB.

672 Douté   — s. d. (F. 49). Cuiv. refr. FDC.

673 Caron   — 1724 (F. 55). Cuiv. TB.

674 Baron   — 1732 (F. 58). Cuiv. et cuiv, refr. 2 p. TB. et FDC.

675 Bourdelin   — 1738 (F. 62). Cuiv. refr. FDC.

676 Chomel   — 1740 (F. 63 et 64). Cuiv. 2 var. TB.

677 Col de Vilars   — 1741 (F. 27). Cuiv. apocryphe. TB.

      —   — 1742 (F. 68). Cuiv. TB.

678 Martinenq   — 1748 (F. 75).   — TB.

679   —   — 1750 (F. 76). Cuiv. refr. FDC.

680 Baron   — 1751 (F. 79). Cuiv. TB.

681 Chomel   — 1756 (F. 82).   — B.

682 Boyer   — 1755 (F. 84). Cuiv. TB.

682 *bis* —   — 1758 (F. 86) Laiton. TB.

683 Belleteste   — 1766 (F. 93) Cuiv. refr. FDC.

684 Bercher   — 1767 (F. 95).   —   —   —

685 Thieullier   — 1770 (F. 98).   —   — TB.

686   —   — 1771 (F. 99). Cuiv. B.

687 Desessarts   — 1777 (F. 102). Cuiv. refr. TB.

688   —   — 1777 (F. 103). Laiton B.

689 Levacher   — 1780 (F. 104). Cuiv. AB.

690 Philip.   - 1781 (F. 105). Laiton. AB.

691 Pourfour   — 1783 (F. 033). Cuiv. refr. FDC.

692 Sallin   — 1785 (F. 108).   —   —   —

693 Bourau · — 1787 (F. 109). Laiton. B.

694   —   — 1787 (F. 110). Cuiv. B.

695 Chirurgiens, 1635 et 1651. Laiton et cuiv. 2 var. B.

696 Rouviere, pharmacien, 1706. Laiton. AB.

697 Académie de Médecine sous Louis-Philippe. Coin de Caqué. Arg. octog. TB.

698 Assurances, 1671, 1817. 1818, etc. Cuiv. et arg. 7 p. TB.

699 Horlogers sous Louis XV. Coin de Marteau. Arg. FDC.

700 Jetons de jeux, de lavoirs, d'omnibus, etc. Cuiv. et arg.

701 Versailles. Vue du château. Jeton des bâtiments du roi, 1723. Arg. FDC.

702   —   6 jetons variés. Cuiv. B.

703   —   Chapelle du château, 1700. Laiton. TB.

704   —   Guerre civile, 1871. 14. Médailles. Étain. TB.

705   —   Ducis, Hoche, etc. Méd. Br. TB.

706 Marly. Jeton de 1692. Laiton. TB.

707   —   Vue du château. Jeton des bâtiments, 1701. Cuiv. B.

708 Beauvais. Notaires de l'arrond^t. Coin de Bessaignet. Épreuve de graveur. Étain octog. TB.

709 Clermont. Concours agricole, 1863. Br. 51 mm. FDC.

710 Rouen (Ville). Jeton au pont, 1677. Laiton. TB.

711   —   Jeton à la galère, 1665. Cuiv. B.

712   —   Jeton à l'agneau, 1684. Arg. TB.

713   —   Jeton 1709. Arg. TB.

714   —   Académie. Jeton 1723. Cuiv. TB.

715   —   —   2 p. variées. Arg. et Br. TB.

716   —   Soc. du commerce, An V. Jeton arg. TB.

717   —   Méd. diverses. Br. et étain.

718 Caen. Soc. d'assurances contre l'incendie. Coin de Baduel. Br. 33 mm. FDC.

719 Aumale. Caen, Charleval, Saint-Romain de Colboc, Eu et Évreux. Br. et étain. 9 p. TB.

720 Canon. Fête des Bonnes Gens (Le bon chef de famille). Br. 42 mm. TB.

721 Havre. Assurances maritimes « La Manche ». Br. octog. FDC.

722 Havre, Heudreville, Lisieux, etc. Br. et étain.

723 Boieldieu, Brunel, Arm. Carrel, Corneille, Dreux-Brezé, etc. Br. et étain.

724 Orléans, Pithiviers, Montargis, etc. Br. 11 p. B.

725 Tours. Maires. 27 jetons variés. Arg. et cuiv. B et TB.

726   —   Médailles diverses. Arg., cuiv. et étain.

727 Angers. Comté et Mairie. Cuiv. 15 p. B.

728   —   Raymbault, 1696. Arg. et cuiv. 2 p. B.

729   —   —   1701. Arg. et cuiv. 2 p. TB.

730   —   Poullain, 1707. Arg. et cuiv. 2 p. TB. *Rare.*

731   —   Jourdan, 1711, et Falloux, 1714. Cuiv. 2 p. TB.

732   —   Robert, 1720. Arg et cuiv. 2 p. TB. *Rare.*

733   —   —   1724 et 1729. Cuiv. 2 p. FDC. *Rare.*

734   —   Boucault, 1733. Arg. et cuiv. 2 p. TB. *Rare.*

735   —   Poulain, 1737, Jallet, 1743, Pays du Vau, 1751, et Benoist, 1755. Cuiv. 4 p. B. et TB.

736   —   Gourreau, 1758. Arg. et cuiv. 2 p. TB.

737   —   Gaudicher, 1763. Arg. TB. et cuiv. refr. FDC. 2 p.

738   —   Allard, 1777. Cuiv. TB.

739   —   Boullay du Martray, 1781. Arg. FDC.

740 Angers. Bucher, 1785. Arg. TB.

741   —   Louis XIV, 1705, et duc d'Anjou (Pl. 37, 60 et 61.).
      Cuir. et arg. 3 p. TB.

742 Nantes. Charette, maire, 1619 (Perthuis 37). Lait. TB. *Rare.*

743 La Rochelle. Chambre de commerce, s. d. (Louis XV). Arg. 2
      var. TB.

744 Nantes et Bordeaux. Médailles diverses. Arg., br. et étain.

745 Bordeaux. Méd. de Lorthior présentée à Louis XVI par les raffi-
      neries revivifiées, 1786. Br. 42 mm. TB. *Rare.*

746 Bayonne. Ville (Louis XV et XVI) et chambre de commerce sous
      Charles X et Louis-Philippe. Arg. 4 p. TB.

747 Loire. Soc. d'agriculture, 1828. Arg. octog. TB.

748 Clément IV et VI et Grégoire XI, papes, nés en Auvergne. 6 méd.
      variées. Br. TB.

749 Lyon. Notaires sous la Restauration. Arg. TB.

750 —— Méd. diverses en bronze. 15 p. TB.

751 Auxerre. Notaires sous le 1er empire. Cuiv. TB.

752 Meaux. Notaires sous Louis-Philippe. Arg. octog. TB.

753 Amiens. Jetons variés d'Henri III à Louis XV. Arg. et cuiv. B.

754 —— Méd. diverses. Br. et étain.

755 Boulogne-sur-Mer, Arras, Lille, etc. Méd. Br. et étain. TB.

756 Louis XV (Église Saint-Germain de Paris), duc d'Angoulême,
      Henri V, etc. Br. 11 p. TB.

757 Duvivier, Fernel, Galois de la Tour, Volney. Br. 4 p. TB.

758 Pompiers d'Aix-les-Bains, d'Écully, de La Chapelle-Saint-Denis,
      de L'Aigle, Loudun, Orléans, Reims, Tours, etc. Br. et plomb.
      10 p. TB.

759 Allemagne. Médailles de prix, de jeu, etc. Arg. 9 p. TB.

760 Altenburg. Construction de la loge maçonnique, 1802. Arg.
      37 mm. FDC.

761 Francfort-sur-le-Mein. Méd. maçonnique. Prix fondé par Cons-
      tantin Fellner en 1802. (J. et F. 975). Br. 51 mm. FDC.

762 Graz (Styrie). Fondation du Joanneum par l'archiduc Jean d'Au-
      triche, 1811 (Cat. Well. 8932). Arg. 47 mm. FDC.

763 Vicence : Hospice maternel. Méd. de Schabel, 1799. Arg. 41 mm.
      TB.

764 Paris. Collège de pharmacie, 1778. Jeton. Arg. TB.

765   —   Commission des Beaux-Arts, 1816. Jeton. Arg. TB.

766   —   Comité des notaires des départements, 1840. Arg. TB.

767   —   Comptoir national d'escompte, 1848. Arg. octog. TB.

768 La Rochelle. Chambre de commerce. Jeton. Arg. 2 var. TB.
769 Lyon. Agents de change. Jetons, 1773, et s. d. 2 p. TB.
770 Versailles. Chambre des huissiers, 1825. Coin de Coquardon.
    Arg. octog. TB.
771 Anvers. La Monnaie. Jeton, s. d. Arg. TB.
772 Macédoine. Alexandre le Grand. Tétradrachmes. 20 pièces variées.
    TB.

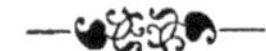

MACON, PROTAT FRÈRES, IMPRIMEURS

MACON, PROTAT FRÈRES, IMPRIMEURS

www.ingramcontent.com/pod-product-compliance
Ingram Content Group UK Ltd.
Pitfield, Milton Keynes, MK11 3LW, UK
UKHW031731170726
13836UKWH00002B/572